Pour TITOUAN Amicalement Reynès

les MAITRES NAGEURS

Tome 1 : Comme un poisson dans l'eau

Dessins
Reynès

Scénario
Brrémaud & Reynès

Couleurs
Maëla Cosson

BAMBOO ÉDITION

À Pascal Gervais pour ses conseils techniques.
À Monsieur Pitou pour ses cours de natation il y a quelques années déjà...

Reynès

www.bamboo.fr

116, rue des Jonchères - BP 3
71012 CHARNAY-LÈS-MÂCON cedex
Tél. : 03 85 34 99 09 - Fax : 03 85 34 47 55
Site Web : www.bamboo.fr
E-mail : bamboo@bamboo.fr

PREMIÈRE ÉDITION
Dépôt légal : mai 2007
ISBN 978-2-35078-249-2

Imprimé en France
Printed in France by PPO Graphic, 93500 Pantin

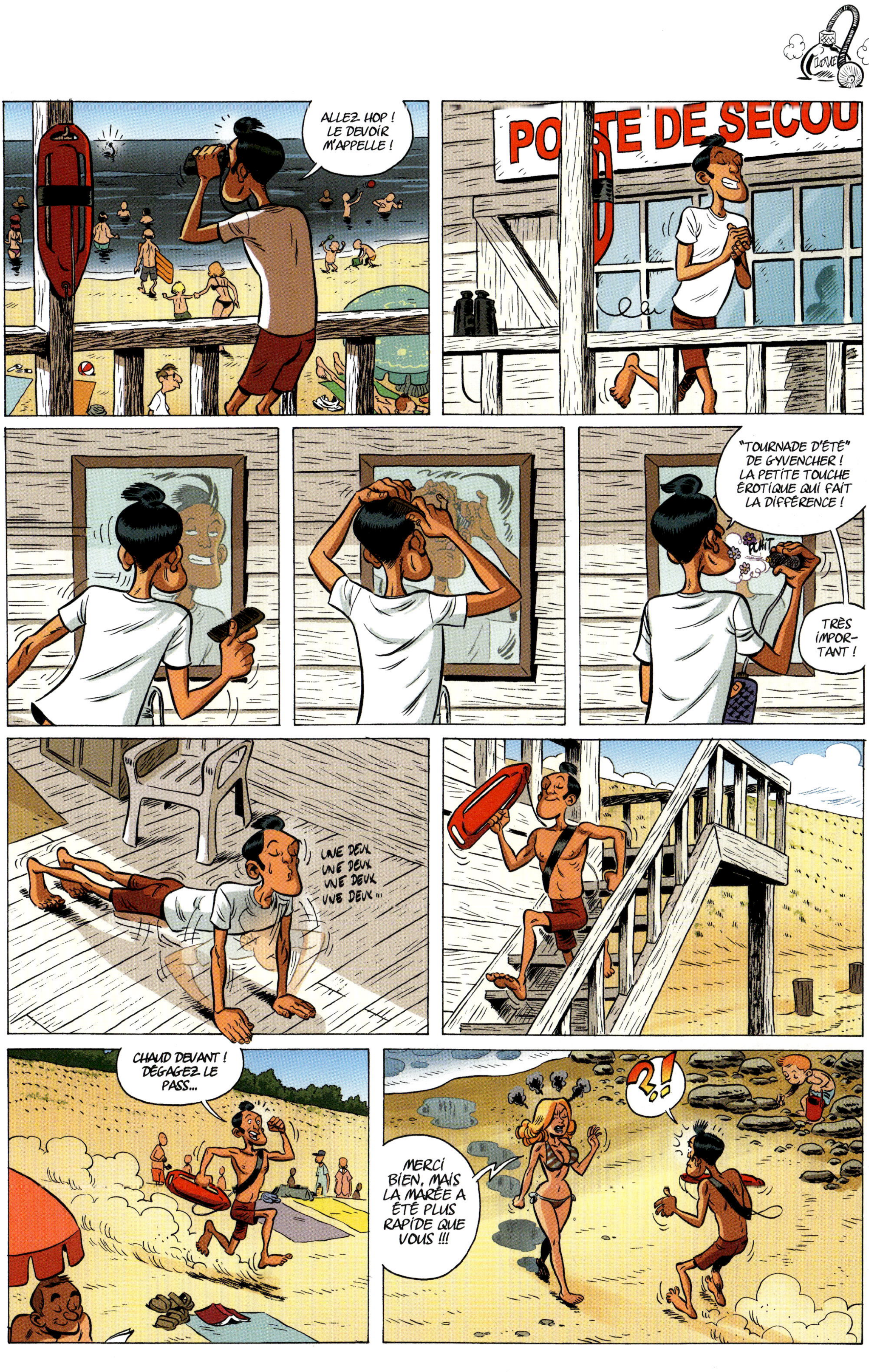
ALLEZ HOP ! LE DEVOIR M'APPELLE !
"TOURNADE D'ÉTÉ" DE GYVENCHER ! LA PETITE TOUCHE ÉROTIQUE QUI FAIT LA DIFFÉRENCE !
TRÈS IMPOR-TANT !
UNE DEUX UNE DEUX UNE DEUX UNE DEUX...
CHAUD DEVANT ! DÉGAGEZ LE PASS...
?!
MERCI BIEN, MAIS LA MARÉE A ÉTÉ PLUS RAPIDE QUE VOUS !!!

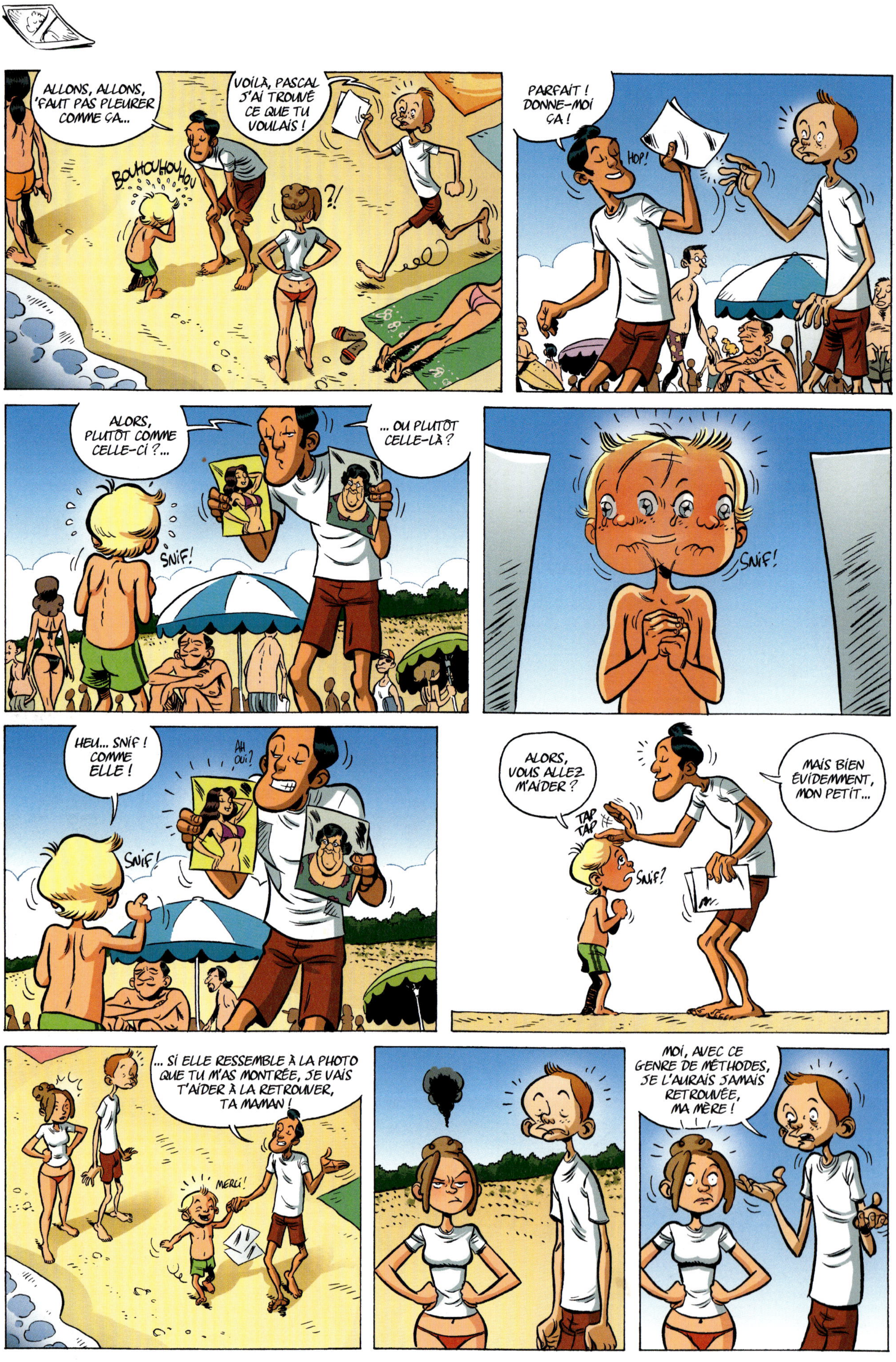
ALLONS, ALLONS, 'FAUT PAS PLEURER COMME ÇA...
BOUHOUHOUHOU
VOILÀ, PASCAL J'AI TROUVÉ CE QUE TU VOULAIS !
?!
PARFAIT ! DONNE-MOI ÇA !
HOP !
ALORS, PLUTOT COMME CELLE-CI ?...
... OU PLUTOT CELLE-LÀ ?
SNIF !
SNIF !
HEU... SNIF ! COMME ELLE !
AH OUI ?
SNIF !
ALORS, VOUS ALLEZ M'AIDER ?
MAIS BIEN ÉVIDEMMENT, MON PETIT...
TAP TAP
SNIF ?
... SI ELLE RESSEMBLE À LA PHOTO QUE TU M'AS MONTRÉE, JE VAIS T'AIDER À LA RETROUVER, TA MAMAN !
MERCI !
MOI, AVEC CE GENRE DE MÉTHODES, JE L'AURAIS JAMAIS RETROUVÉE, MA MÈRE !

BON, C'EST VRAIMENT TRANQUILLE AUJOURD'HUI !
JE VAIS PRENDRE LA RELÈVE, PITOU, SI TU VEUX FAIRE UNE PAUSE...
AH CE N'EST PAS DE REFUS !
TOUT S'EST BIEN PASSÉ ?
OUI, RIEN À SIGNALER ...
... LE CALME PLAT !
AD' TALEUR !
TIENS. À PLUS TARD.
ALORS, VOYONS ÇA...
NOM DE...!!!
MARCEL, IL FAUDRA QU'ON AIT UNE PETITE DISCUSSION TOUT À L'HEURE !!!
PLOF PLOF PLOF PLOF
?!?!?!?
AH BON ???
HEU... S !
NON, P !
... A ?
ZU
MCF
OHSUE
NLTA
QXPHE
JBFORLMC
BRREMAUDREYNES

ASPRO 3000
ikikikikik
OH NOM DE...!!!
BROM
AÏE! AÏE! OUILLE! AÏE! OUTCH!
BOM BOM BOM
SPLOUF
MON DIEU, C'EST LA CATA ! ON VA DEVOIR FERMER EN PLEINE SAISON !...
GLOU GLOU GLOU GLOU
... ON NE S'EN RELÈVERA PAS CETTE FOIS-CI, C'EST LE COUP DE GRÂCE !
HUM...
GLOU GLOU
ALLONS, ALLONS, MONSIEUR LE DIRECTEUR, IL FAUT VOIR LES CHOSES DU BON CÔTÉ...
AH ?
... C'EST PAS TOUTES LES PISCINES MUNICIPALES QUI ONT UN JACUZZI GÉANT !!!
HÉ HÉ
VOUS N'AURIEZ PAS UNE ASPIRINE ? J'AI UN DE CES MAUX AU CRÂNE...

AU SECOOUURS !!!...
PAS DE PANIQUE ! J'ARRIVE !!!
SPROTCH
SNIF
SNIF
PLUS TARD...
À L'AAIIIDE !!!...
VOILÀ, VOILÀ ! J'ARRIVE !!!
SPROTCH
ENCORE PLUS TARD...
AIDEZ-MOIIII !!!...
OUI, OUI ! J'..?!
TAP TAP
SPROTCH
HÉ! HÉ! HÉ!
OOUUAAIIIEE

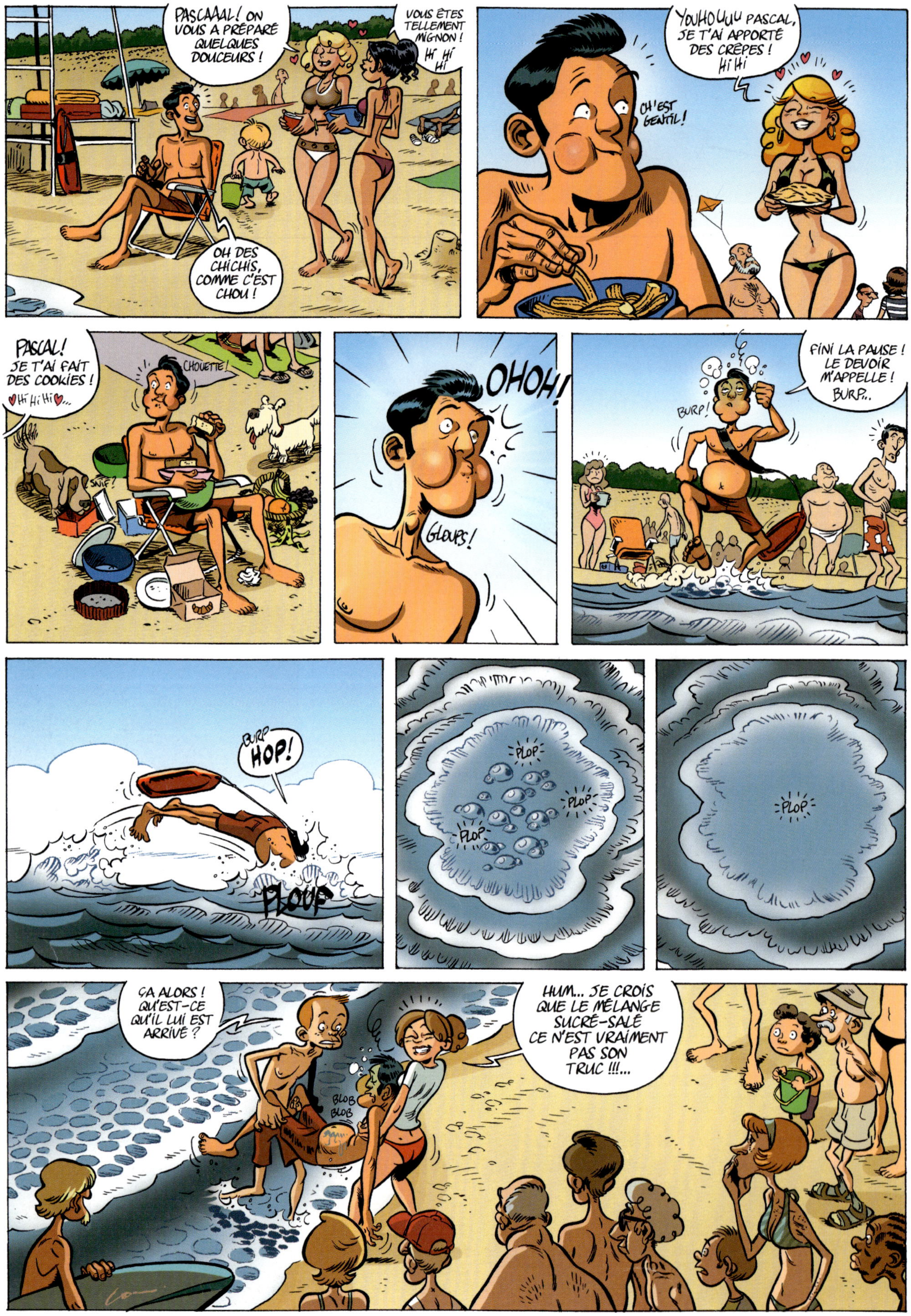

PASCAAAL! ON VOUS A PRÉPARÉ QUELQUES DOUCEURS !
VOUS ÊTES TELLEMENT MIGNON ! HI HI HI
OH DES CHICHIS, COMME C'EST CHOU !
YOUHOUUU PASCAL, JE T'AI APPORTÉ DES CRÊPES ! HI HI
CH'EST GENTIL !
PASCAL! JE T'AI FAIT DES COOKIES ! HI HI HI...
CHOUETTE !
SNIF !
OHOH!
GLOUPS !
BURP !
FINI LA PAUSE ! LE DEVOIR M'APPELLE ! BURP...
BURP
HOP!
PLOUF
PLOP
PLOP
PLOP
PLOP
ÇA ALORS ! QU'EST-CE QU'IL LUI EST ARRIVÉ ?
BLOB BLOB
HUM... JE CROIS QUE LE MÉLANGE SUCRÉ-SALÉ CE N'EST VRAIMENT PAS SON TRUC !!!...

MADEMOISELLE, JE CROIS QU'IL Y A QUELQU'UN EN TRAIN DE SE NOYER !!!
PITOU, J'AI UNE URGENCE ! JE TE LAISSE PRENDRE LA RELÈVE !
NO PROBLEM.
UN MAXI-CHOCO...
BOISSONS
PLOF PLOF PLOF PLOF PLOF
ACCROCHEZ-VOUS, JE VAIS VOUS RAMENER AU BORD.
...
FERMEZ LA BOUCHE ET RESPIREZ PAR LE NEZ...
... ON Y VA !
C'EST BIZARRE... IL NE PRÉSENTE PAS LES SYMPTÔMES DE LA NOYADE...
GRAT GRAT
... MAIS PLUTÔT DE L'ASPHYXIE !!!
AH BON, TU CROIS ?!

TNT
EXCUSEZ-MOI...
... C'EST BIEN ENTRE LES DRAPEAUX BLEUS QUE LA BAIGNADE EST SURVEILLÉE ?
KESSKI DIT ?
TOUT À FAIT, MONSIEUR, C'EST LA ZONE QUE NOUS SURVEILLONS. C'EST LÀ QUE VOUS SEREZ EN SÉCURITÉ !
KESSKÈ DIT ?!
MERCI, MADEMOISELLE, BONNE FIN DE JOURNÉE !
?!
ALORS ?! KESSKÈ DIT ?!
COMME JE LE DISAIS, BELLE-MAMAN, IL Y A TROP DE MONDE ENTRE LES DRAPEAUX...
... VOUS SEREZ PLUS TRANQUILLE ICI !

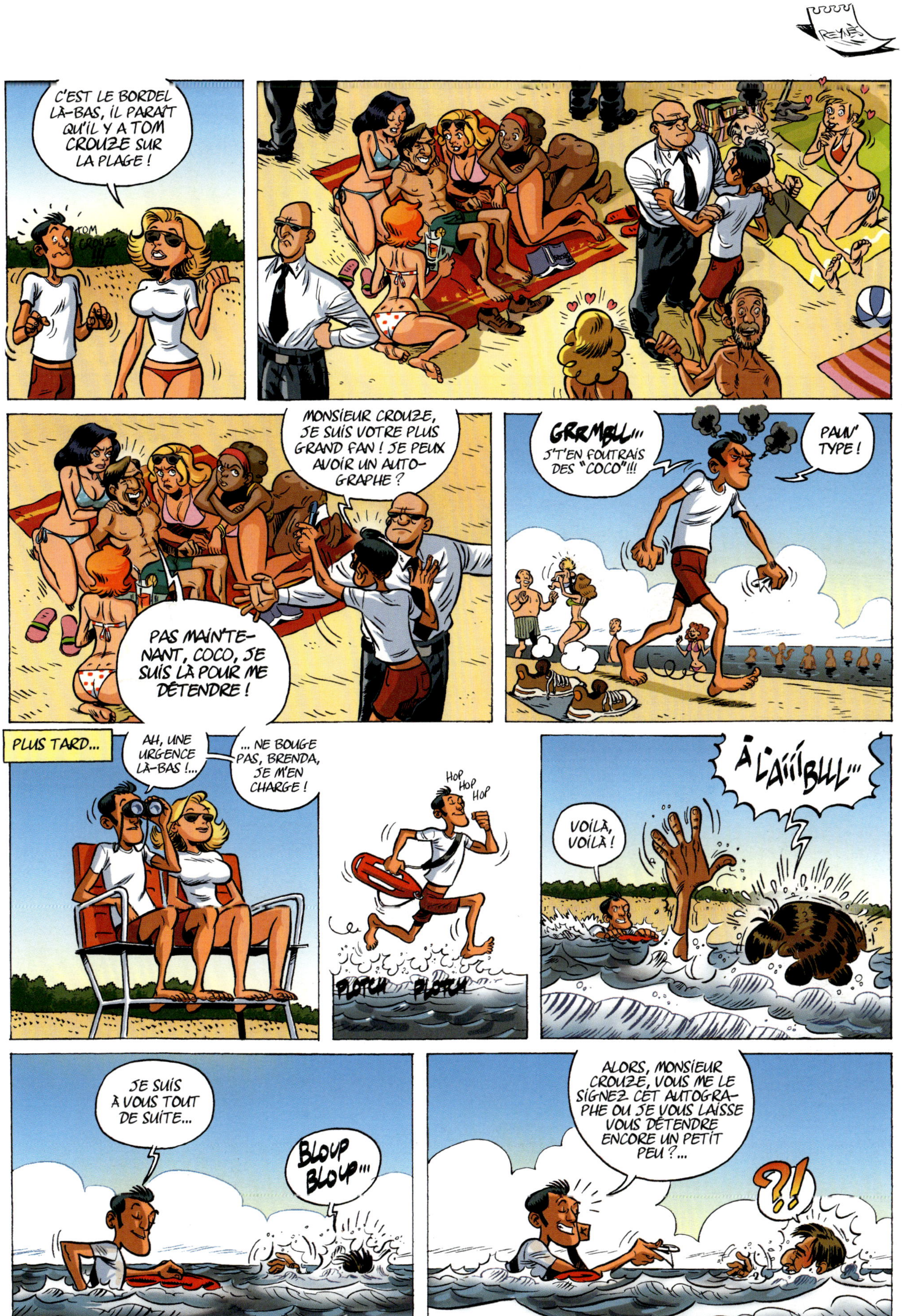

C'EST LE BORDEL LÀ-BAS, IL PARAÎT QU'IL Y A TOM CROUZE SUR LA PLAGE !
TOM CROUZE !!!
MONSIEUR CROUZE, JE SUIS VOTRE PLUS GRAND FAN ! JE PEUX AVOIR UN AUTOGRAPHE ?
PAS MAIN'TENANT, COCO, JE SUIS LÀ POUR ME DÉTENDRE !
GRRMBLL... J'T'EN FOUTRAIS DES "COCO"!!!
PAUV' TYPE !
PLUS TARD...
AH, UNE URGENCE LÀ-BAS !...
... NE BOUGE PAS, BRENDA, JE M'EN CHARGE !
HOP HOP HOP
PLOTCH PLOTCH
À L'AÎÎÎBLLL...
VOILÀ, VOILÀ !
JE SUIS À VOUS TOUT DE SUITE...
BLOUP BLOUP...
ALORS, MONSIEUR CROUZE, VOUS ME LE SIGNEZ CET AUTOGRAPHE OU JE VOUS LAISSE VOUS DÉTENDRE ENCORE UN PETIT PEU ?...
?!

PLACE ! PLACE !
Z Z Z Z Z Z Z
C'EST POUR UNE URGENCE !!!
MAIS...
... POUSSEZ-VOUS...
... BON SANG !
QUEL MÉTIER EXTRA-ORDINAIRE ! CE TYPE-LÀ, JE SUIS SÛRE QU'IL DONNERAIT SA VIE POUR SAUVER QUELQU'UN !...
... ET MÊME S'IL N'EST PAS BEAU, CET ENGAGEMENT LE REND SUPER SÉDUISANT !!!
TROP SEXY !
OLÉ !
OH LA VACHE ! ÇA URGEAIT VRAIMENT !...
... J'AVAIS UNE DE CES ENVIES DE PISSER !
ÇA C'EST UN HOMME !
UN VRAI !

AH, JE CROIS QUE J'AI DROIT À UNE SECONDE CHANCE !
REGARDE LA FILLE QUI S'ÉPUISE À REGAGNER LA PLAGE !...
... JE LUI ÉVITE UNE GROSSE FRAYEUR ET J'OBTIENDRAI TOUT CE QUE JE VEUX D'ELLE !
NOOON !!! RÉGIS, ATTENDS !!!
T'INQUIÈTE, CETTE FOIS JE ME SENS PRÊT !
PLOF
PLOF
PLOF
PLOF
SANS VOUS J'ÉTAIS PERDUE...
VOUS SAVEZ, JE N'AI FAIT QUE MON DEVOIR.
VOUS ÊTES FORMIDABLE ! JE NE SAIS PAS COMMENT VOUS REMERCIER...
RIEN DE PLUS FACILE !
SMMACK
PUNCH
JE N'AI PAS EU LE TEMPS DE TE PRÉVENIR... QUAND TU REPÈRES UNE JOLIE MINETTE, AVANT DE LUI SORTIR LE GRAND JEU...
... TU T'ASSURES D'ABORD QU'ELLE N'EST PAS ACCOMPAGNÉE !
GNA BON ?
PAN' TYPE !

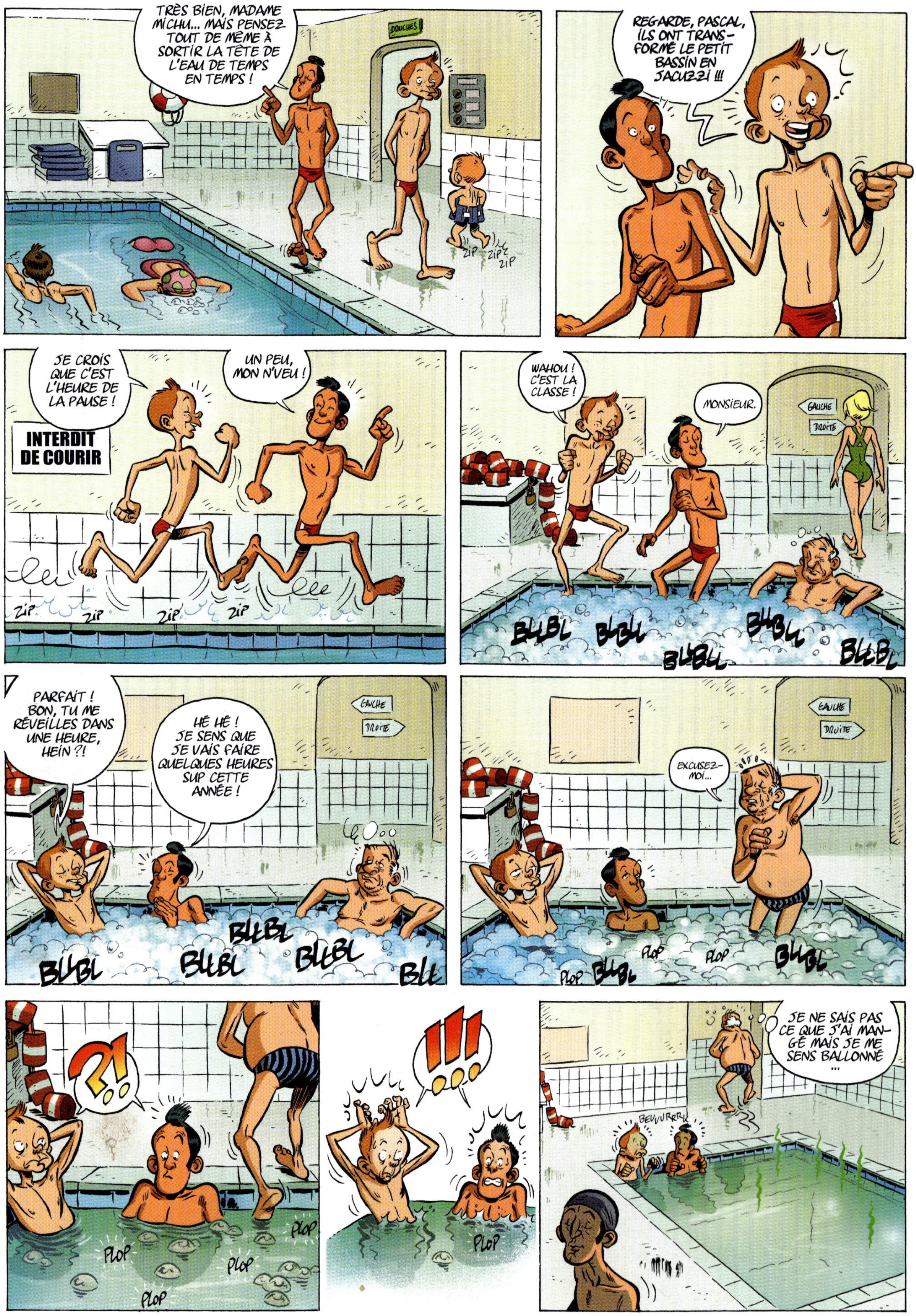

TRÈS BIEN, MADAME MICHU... MAIS PENSEZ TOUT DE MÊME À SORTIR LA TÊTE DE L'EAU DE TEMPS EN TEMPS !
DOUCHES
ZIP ZIP ZIP
REGARDE, PASCAL, ILS ONT TRANSFORMÉ LE PETIT BASSIN EN JACUZZI !!!
JE CROIS QUE C'EST L'HEURE DE LA PAUSE !
UN PEU, MON N'VEU !
INTERDIT DE COURIR
ZIP ZIP ZIP ZIP
WAHOU ! C'EST LA CLASSE !
MONSIEUR.
GAUCHE
DROITE
BLBL BLBL BLBL BLBL BLBL
PARFAIT ! BON, TU ME RÉVEILLES DANS UNE HEURE, HEIN ?!
HÉ HÉ ! JE SENS QUE JE VAIS FAIRE QUELQUES HEURES SUP CETTE ANNÉE !
GAUCHE
DROITE
BLBL BLBL BLBL BLBL BLL
EXCUSEZ-MOI...
GAUCHE
DROITE
PLOP PLOP PLOP BLBL BLBL
?!
PLOP PLOP PLOP PLOP
!!!
PLOP
JE NE SAIS PAS CE QUE J'AI MANGÉ MAIS JE ME SENS BALLONNÉ ...
BEUUURRRK

OHOH !
HÉ HÉ HÉ
EH BEN, ELLES SONT CHAUDES CES DEUX-LÀ !...
SPLASH
C'EST BIEN, MA CHÉRIE, JE CROIS QUE PAPA AVAIT BESOIN DE SE RAFRAÎCHIR LES IDÉES !
!!!
HA HA HA HA

BIP BIP BIP
NON MAIS T'AS VU ÇA ?! Y'EN A VRAIMENT QUI NE S'EMMERDENT PAS !!!
M'EN PARLE PAS, ON VIT UNE ÉPOQUE DE CHAROGNARDS !
C'EST MOCHE !
HÉ HO !
AH NON ! C'EN EST TROP !!!
HEP, VOUS, LÀ-BAS !
'FAUT PAS VOUS GÊNER !
DES MALOTRUS, ON EN VOIT TOUS LES JOURS À LA PLAGE, MAIS DES COMME VOUS, BRAVO, VOUS ÊTES LE PREMIER !!!
MERCI...
BIP BIP BIP
QUI AURAIT PENSÉ QU'IL AVAIT UNE ÂME DE JUSTICIER ?!
SACRÉ RÉGIS !
MMFF !
ALORS, ZORRO, TU CROIS QU'IL A RETENU LA LEÇON ?
HÉ HÉ HÉ
ET COMMENT ! À PARTIR D'AUJOURD'HUI ON FAIT 50/50 !!!
FIFTI FIFTI !
?!

LÀ-BAS, IL Y A UNE URGENCE ! ...
... C'EST POUR TOI !
PAF
AH ?
ACCROCHEZ-VOUS À LA BOUÉE, MONSIEUR !
MERCI ! VOUS ME SAUVEZ LA VIE !
NE T'INSTALLE PAS, Y A ENCORE DU BOULOT POUR TOI...
VOILÀ ... MADAME ... VOUS ÊTES ... TIRÉE ... D'AFFAIRE !...
OH MERCI, JEUNE HOMME !
AH ! CETTE FOIS C'EST POUR MOI !
OUF !
HÉ HÉ HÉ
NE PANIQUEZ PAS, MADEMOISELLE, JE VAIS VOUS SORTIR DE LÀ !
MERCI, MON CHOU, UN PEU PLUS ET JE BUVAIS LA TASSE !
VADE RETRO !
MAIS ?! TU ES REVENU TOUT SEUL ?!
VAS-Y, C'EST POUR TOI FINALEMENT !

Jacuzzi tropical
JA
HAM
AQUA
?!
BULBL
BULBL
BULBL
BEUURRK!!!
POUAH !!! VRAIMENT, LES FILLES, VOUS ÊTES DÉGOÛTANTES !

Aqua-Center
¡¡CRRRRRRRRiiiii
MERDE ! MERDE !
CHUIS À LA BOURRE !
10H40 ! PAS LE TEMPS DE PASSER AUX VESTIAIRES !
Vestiaires
Douches
Accès Piscine
SI JULIE ME VOIT, JE SUIS MAL !!!
HOP!
VOILÀ, C'EST TOUT POUR AUJOURD'HUI. VOUS AVEZ DES QUESTIONS ?
de courir
OUI, MOI, M'SIEUR ! POURQUOI C'EST ÉCRIT PARTOUT "DÉFENSE DE COURIR" ?
MEEEERRRRRDEEUU!!!
?!
¡¡¡¡¡SSSSSSSSSSSSSS
SPLAF
HOULA!
ÇA RÉPOND À TA QUESTION ?
défense de courir
T'ES EN RETARD, RÉGIS !
OUI, OUI !

SALUT, PASCAL !
'LUT LES FILLES !
?!
PARDON, MONSIEUR...
... C'EST COMBIEN QUE TU VENDS L'EAU DE LA MER ?
COMBIEN JE... ?!
TARIF ENFANT, HEIN ?!
HÉ HÉ ! QU'ELLE EST MIGNONNE !
POUR 20 CENTIMES JE REMPLIS TA BASSINE. ET CROIS-MOI, C'EST UN PRIX D'AMI !
MERCI !
TU AS BIEN TRAVAILLÉ DEPUIS TOUT À L'HEURE DIS DONC !
?!
VOUS AUSSI, ON DIRAIT, IL NE VOUS RESTE PRESQUE PLUS D'EAU !
ÇA MARCHE, LES AFFAIRES !

POUÊT
ATTENTION QUAND MÊME, NOUNOURS, ELLE A L'AIR AGITÉE !
T'INQUIÈTE PAS, BIBICHE...
... C'EST JUSTE DE L'EAU !
POUÊÊÊT
TOC TOC
NON MAIS VOUS ÊTES INCONSCIENT OU DALTONIEN ?!
QUAND C'EST DRAPEAU ROUGE, C'EST BAIGNADE INTERDITE
POST DE SECOURS
PIZZA
SOLDES
PAR LÀ
PAR LÀ
TRIIIIIIII
NON MAIS VOUS ÊTES INCONSCIENT OU DALTONIEN ?!
QUAND LE FEU EST ROUGE, C'EST PASSAGE INTERDIT!!!

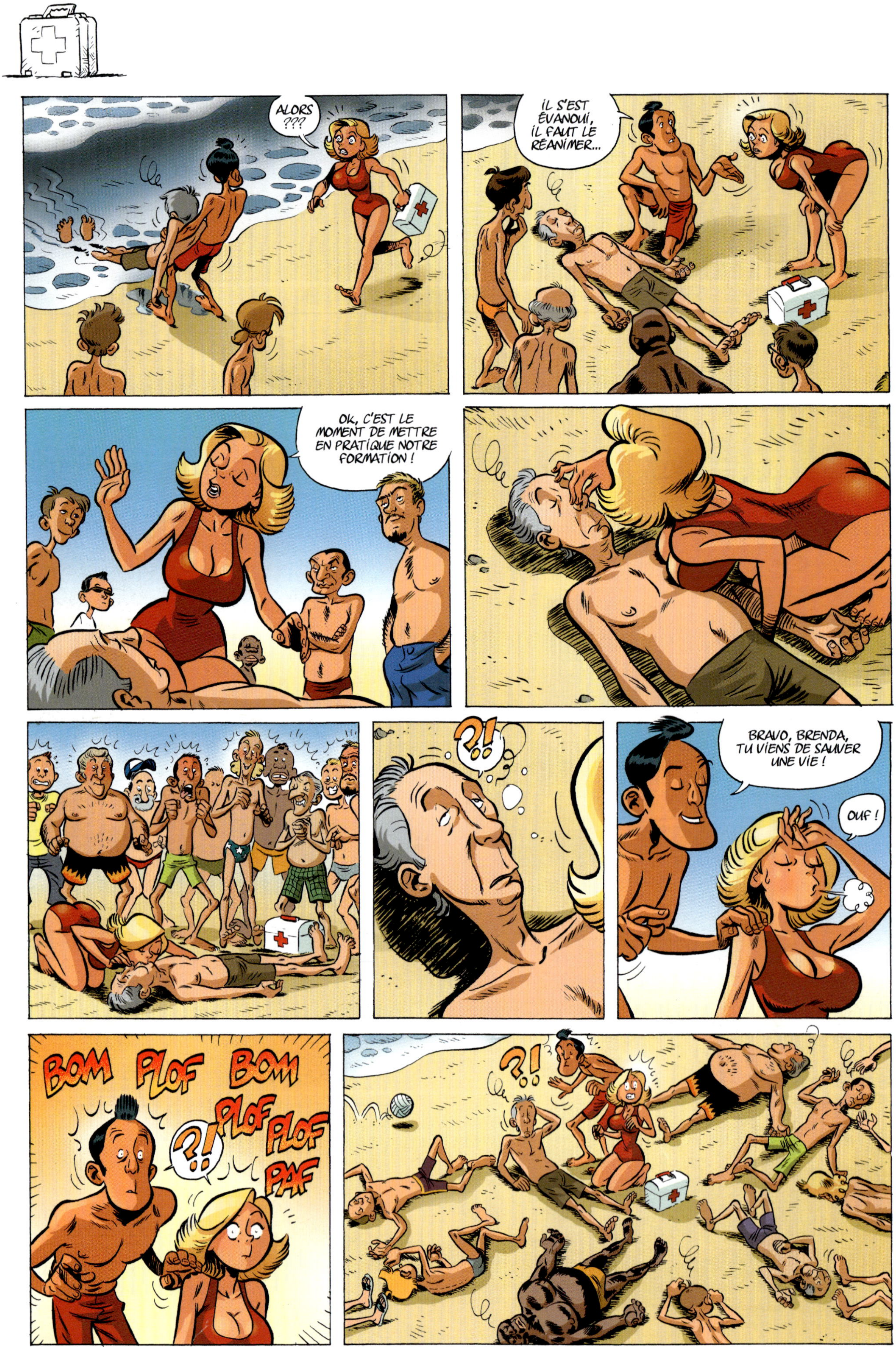
ALORS ???
IL S'EST ÉVANOUI, IL FAUT LE RÉANIMER...
OK, C'EST LE MOMENT DE METTRE EN PRATIQUE NOTRE FORMATION !
?!
BRAVO, BRENDA, TU VIENS DE SAUVER UNE VIE !
OUF !
BOM PLOF BOM PLOF PLOF PAF
?!
?!

MPFFF MPFFF
MPFFF MPFFF
OH ! QUEL GROSSIER PERSONNAGE !!!
GROS DÉGUEULASSE !!!
MPFFF MPFFF
C'EST UNE HONTE !!!
OH !
?!
MPFFF MPFFF
QUEL TEMPS MAGNIFIQUE, C'EST LA JOURNÉE IDÉALE POUR UNE PETITE SIESTE SUR L'EAU !
HEP VOUS LÀ-BAS !
QU'EST-CE QUE C'EST QUE CE CIRQUE ?!
HEIN ?! QUOI ?! QUI ME PARLE ?!
!!!
OH MON DIEU !...
AH !
... PAS MIS MES LUNETTES ...
... DÉSOLÉ !!!
... TROMPÉ DE PLACARD ...
JE...
PERVERS !

ALORS, ÇA DONNE QUOI CE MATIN ?
UNE MISÈRE ! 1 EURO 20 EN 4 HEURES !...
ZZZ
EN EFFET, CE N'EST PAS UNE GRANDE RÉCOLTE...
... LES GENS FONT DE PLUS EN PLUS ATTENTION...
MOUAIS
ZZZ
Y A PLUS QU'À ESPÉRER UN MIRACLE !
?!
ZZZZZZZZZ
ALLÉLUIA !
ÇA MORD !
ZZZZZZZZZ
ON EST SUR UNE PISTE !
OH BON SANG ! VU LA RÉACTION DU DÉTECTEUR, ON EST TOMBÉS SUR UN TRÉSOR !!!
ZZZZZZZZZZZ
À L'ABORDAAAGE !
INCROYA-ABLE !
ZZZZZZZZZZZZZZZZZ
PLUNK
OUAÏÏÏÏEEE
T'AS VU ÇA, TRÉSOR ?!
GLOUPS !
À PEINE ARRIVÉS ET Y A DÉJÀ DES NUISANTS QUI NOUS CHERCHENT DES EMBROUILLES !
FILE-LES AU CHIEN...
... IL A ENVIE DE JOUER !
GLING
GLING
GLING
GLING
ZZZ

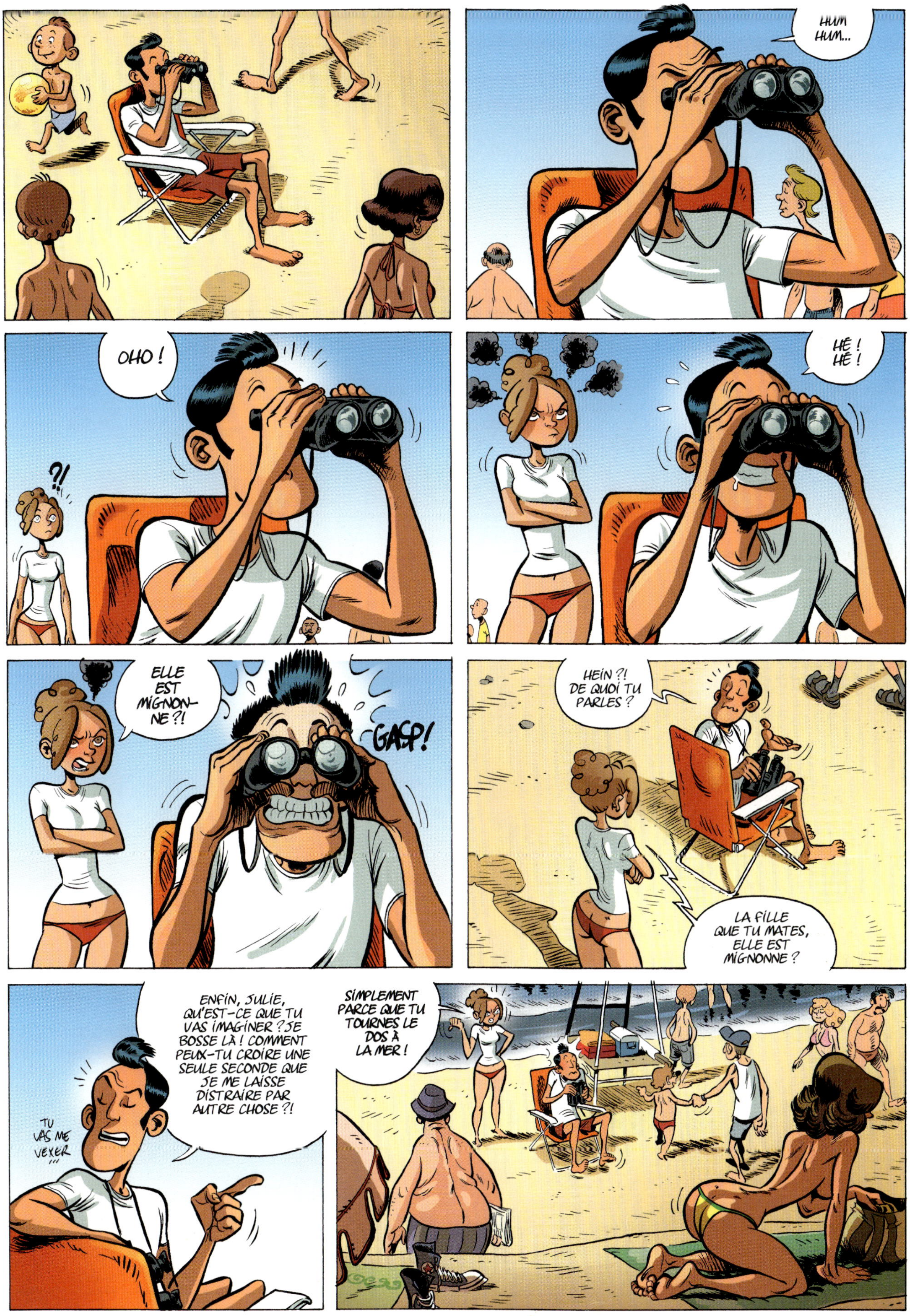
HUM HUM...
OHO !
?!
HÉ ! HÉ !
ELLE EST MIGNONNE ?!
GASP!
HEIN ?! DE QUOI TU PARLES ?
LA FILLE QUE TU MATES, ELLE EST MIGNONNE ?
ENFIN, JULIE, QU'EST-CE QUE TU VAS IMAGINER ?JE BOSSE LÀ ! COMMENT PEUX-TU CROIRE UNE SEULE SECONDE QUE JE ME LAISSE DISTRAIRE PAR AUTRE CHOSE ?!
TU VAS ME VEXER...
SIMPLEMENT PARCE QUE TU TOURNES LE DOS À LA MER !

AHA!
SALUT, LES FILLES ! ÇA VOUS DIT UN PETIT COCKTAIL POUR VOUS RAFRAÎCHIR ?
Hi Hi Hi Hi
!!!
Hi Hi Hi HA HA Hi Hi Hi
QUELLE TECHNIQUE !!!
ÇA A L'AIR SI FACILE...
... JE ME DEMANDE SI...
HÉ HÉ ! C'EST LE MOMENT OU JAMAIS !
HU ! HU ! HU !
RENTRER LE VENTRE ET...
BRAVO, BERNARD ! CONTINUE COMME ÇA ET ON VA SE FAIRE VIRER DE LA PLAGE POUR EXHIBITIONNISME !!!
PAUV' TYPE !
VIEUX DÉGOÛTANT !
!!!

PLOUF PLOUF PLOUF
MAIEUUU !
PAS TOUCHE ! C'EST MON MATELAS, C'EST COMPRIS ?!
?!
TOI, TIENS-TOI TRANQUILLE ! SINON...
PLOUF PLOUF
PAPA ! ÇA PIQUE LES YEUX, LÀ-BAS !
?!
?!
QU'EST-CE QUE... AÏE !
QUEL EST L'ABRUTI QUI...
AÏE !
COOL !
M'ENFIN, PASCAL, QU'EST-CE QU'IL TE PREND ?...
... QU'EST-CE QUE TU FAIS AVEC CE MIROIR ?
CHHHUT ! TAIS-TOI ! TU ME DÉCONCENTRES ! REGARDE PLUTÔT...
MAIS J'AIME BIEN QUAND ÇA PIQUE, MOI !
VENEZ, LES ENFANTS, ON VA SE BAIGNER PLUS LOIN !
OUIIIIINN
GRMBLL !!!
C'EST ÇA, BON DÉBARRAS !
AAAAAAH !... ALORS, RÉGIS, LA VUE N'EST PAS MEILLEURE MAINTENANT ?
CARRÉMENT !
BLA BLA BLA BLA BLA
TIENS, FILE-MOI TON MIROIR, IL Y A UN GROUPE DU TROISIÈME ÂGE QUI VA SE METTRE DEVANT !

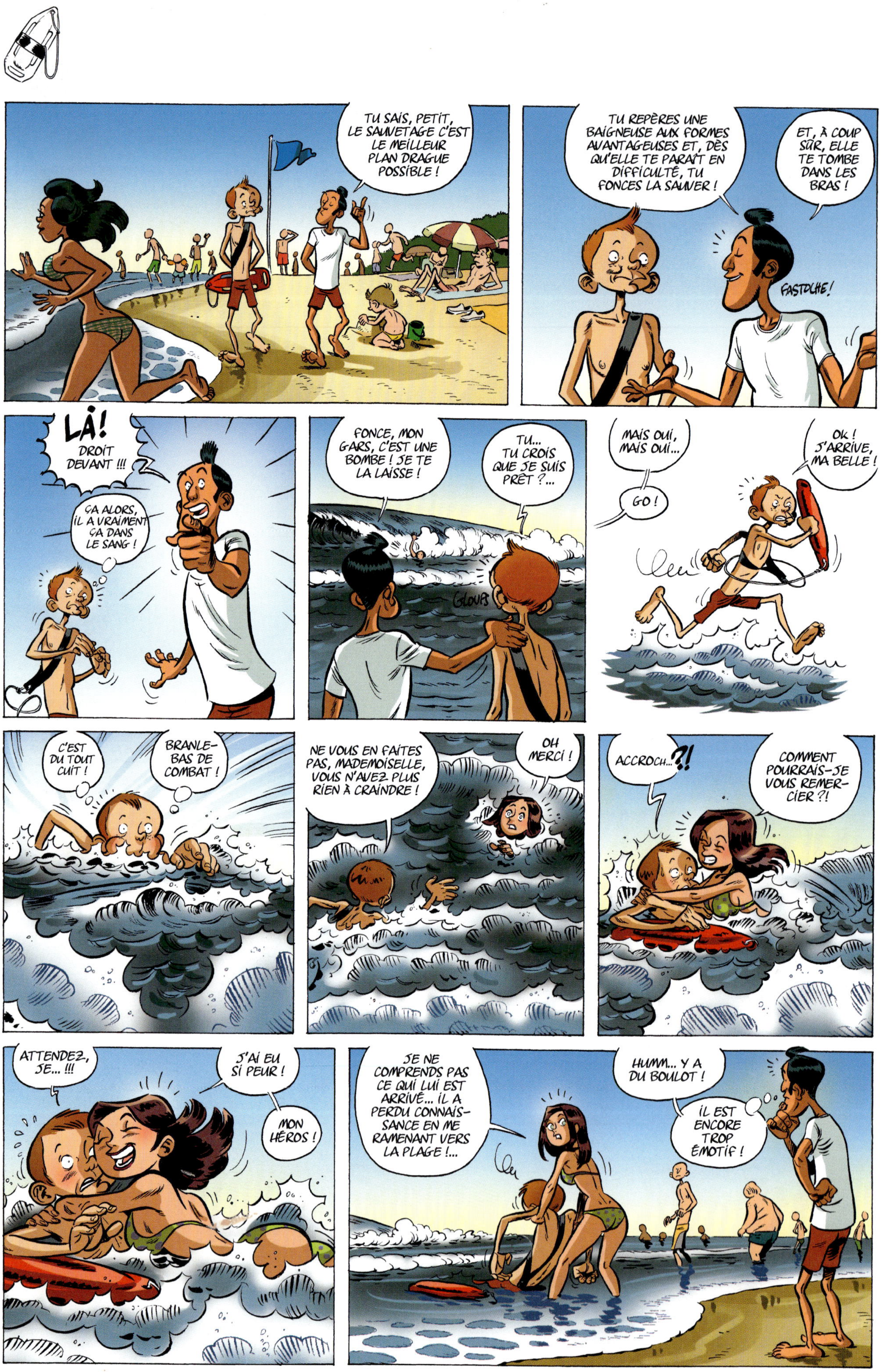
TU SAIS, PETIT, LE SAUVETAGE C'EST LE MEILLEUR PLAN DRAGUE POSSIBLE !
TU REPÈRES UNE BAIGNEUSE AUX FORMES AVANTAGEUSES ET, DÈS QU'ELLE TE PARAÎT EN DIFFICULTÉ, TU FONCES LA SAUVER !
ET, À COUP SÛR, ELLE TE TOMBE DANS LES BRAS !
FASTOCHE !
LÀ ! DROIT DEVANT !!!
ÇA ALORS, IL A VRAIMENT ÇA DANS LE SANG !
FONCE, MON GARS, C'EST UNE BOMBE ! JE TE LA LAISSE !
TU... TU CROIS QUE JE SUIS PRÊT ?...
GLOUPS
MAIS OUI, MAIS OUI...
GO !
OK ! J'ARRIVE, MA BELLE !
C'EST DU TOUT CUIT !
BRANLE-BAS DE COMBAT !
NE VOUS EN FAITES PAS, MADEMOISELLE, VOUS N'AVEZ PLUS RIEN À CRAINDRE !
OH MERCI !
ACCROCH...?!
COMMENT POURRAIS-JE VOUS REMERCIER ?!
ATTENDEZ, JE... !!!
J'AI EU SI PEUR !
MON HÉROS !
JE NE COMPRENDS PAS CE QUI LUI EST ARRIVÉ... IL A PERDU CONNAISSANCE EN ME RAMENANT VERS LA PLAGE !...
HUMM... Y A DU BOULOT !
IL EST ENCORE TROP ÉMOTIF !

EN LIGNE, MADAME MICHU, EN LIGNE !
ET LA TÊTE HORS DE L'EAU, COMME LE FONT LES BALEINES !
BLUBL BLUBL
NOYADE INTERDITE
EXCUSEZ-MOI, JEUNE HOMME...
MOUI ?
NOYADE INTERDITE
... DONNEZ-VOUS, PAR HASARD, DES COURS PARTICULIERS POUR APPRENDRE À NAGER ?
HOULA NON ! DÉSOLÉ, MADAME, MAIS EN CE MOMENT ON EST DÉJÀ EN SOUS-EFFECTIF POUR SURVEILLER LES BAIGNEURS...
PAS L'TEMPS
... ÇA VA PAS ÊTRE POSSIB' !
PFIOU !
ALORS, PENSEZ, DES COURS PARTICULIERS !...
C'EST VRAIMENT DOMMAGE...
À QUI LE DITES-VOUS, MA BONNE DAME !...
NOYADE INTERDITE
... RENDEZ-VOUS COMPTE, À 18 ANS, MA PETITE FILLE NE SAIT TOUJOURS PAS NAGER !
!!!
ZIP
VOUS ALLEZ RIRE, JE VIENS DE ME RAPPELER QUE J'AVAIS QUELQUES HEURES DE LIBRES DEMAIN... VOUS N'AUREZ QU'À DÉPOSER VOTRE PETITE FILLE EN FIN D'APRÈS-MIDI !
HÉ! HÉ!
FORMIDABLE !
ET, LE PLUS CHARMANT DANS TOUT ÇA, C'EST QU'IL A TENU À LE FAIRE GRATUITEMENT !
GRMMBL
KAÏ
KAÏ
KAÏ

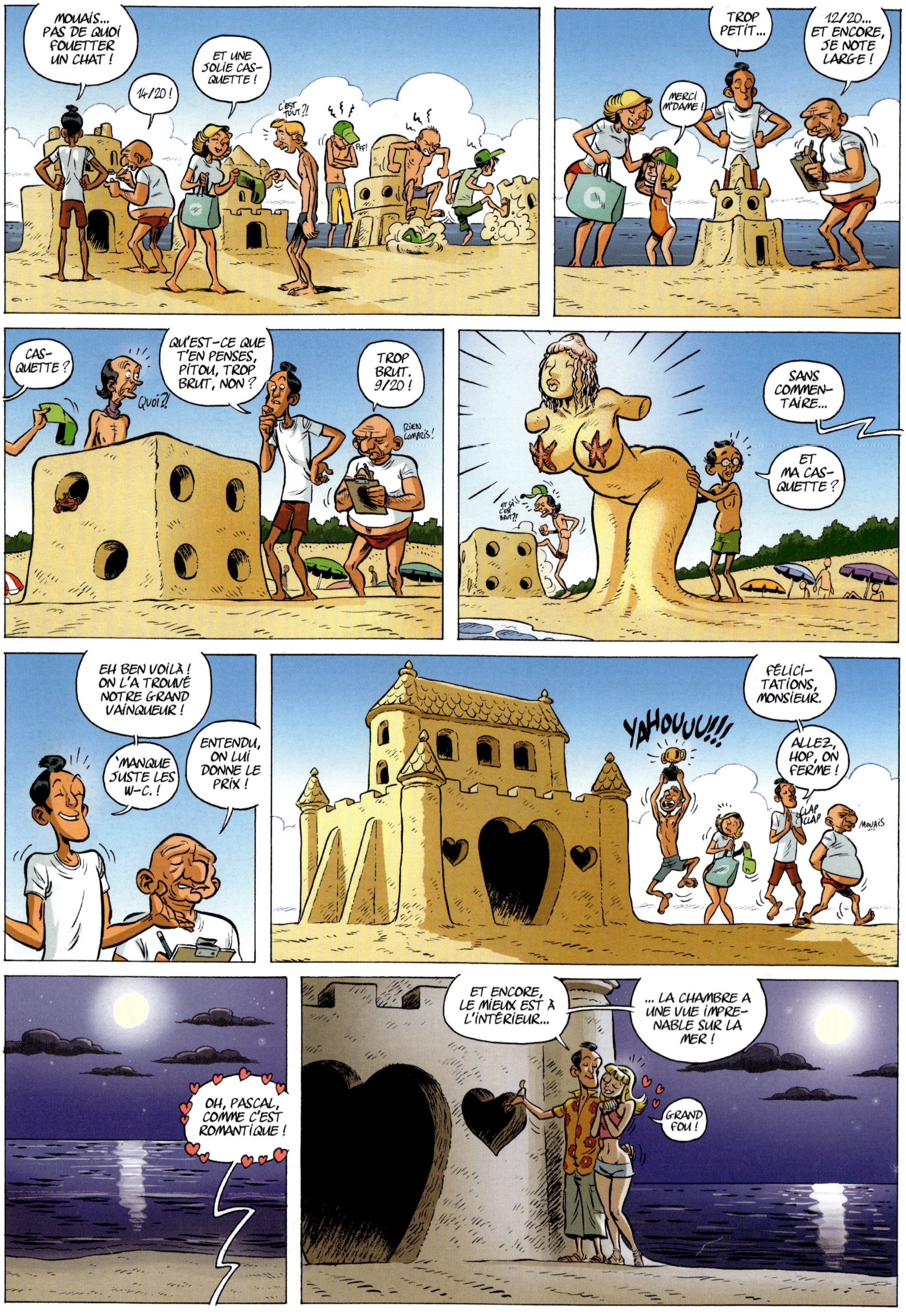

MOUAIS... PAS DE QUOI FOUETTER UN CHAT !
14/20 !
ET UNE JOLIE CASQUETTE !
C'EST TOUT ?!
PFF !
TROP PETIT...
12/20... ET ENCORE, JE NOTE LARGE !
MERCI M'DAME !
CASQUETTE ?
QUOI ?!
QU'EST-CE QUE T'EN PENSES, PITOU, TROP BRUT, NON ?
TROP BRUT. 9/20 !
RIEN COMPRIS !
SANS COMMENTAIRE...
ET MA CASQUETTE ?
EH BEN VOILÀ ! ON L'A TROUVÉ NOTRE GRAND VAINQUEUR !
'MANQUE JUSTE LES W-C. !
ENTENDU, ON LUI DONNE LE PRIX !
YAHOUUU !!!
FÉLICITATIONS, MONSIEUR.
ALLEZ, HOP, ON FERME !
CLAP CLAP
MOUAIS
OH, PASCAL, COMME C'EST ROMANTIQUE !
ET ENCORE, LE MIEUX EST À L'INTÉRIEUR...
... LA CHAMBRE A UNE VUE IMPRENABLE SUR LA MER !
GRAND FOU !

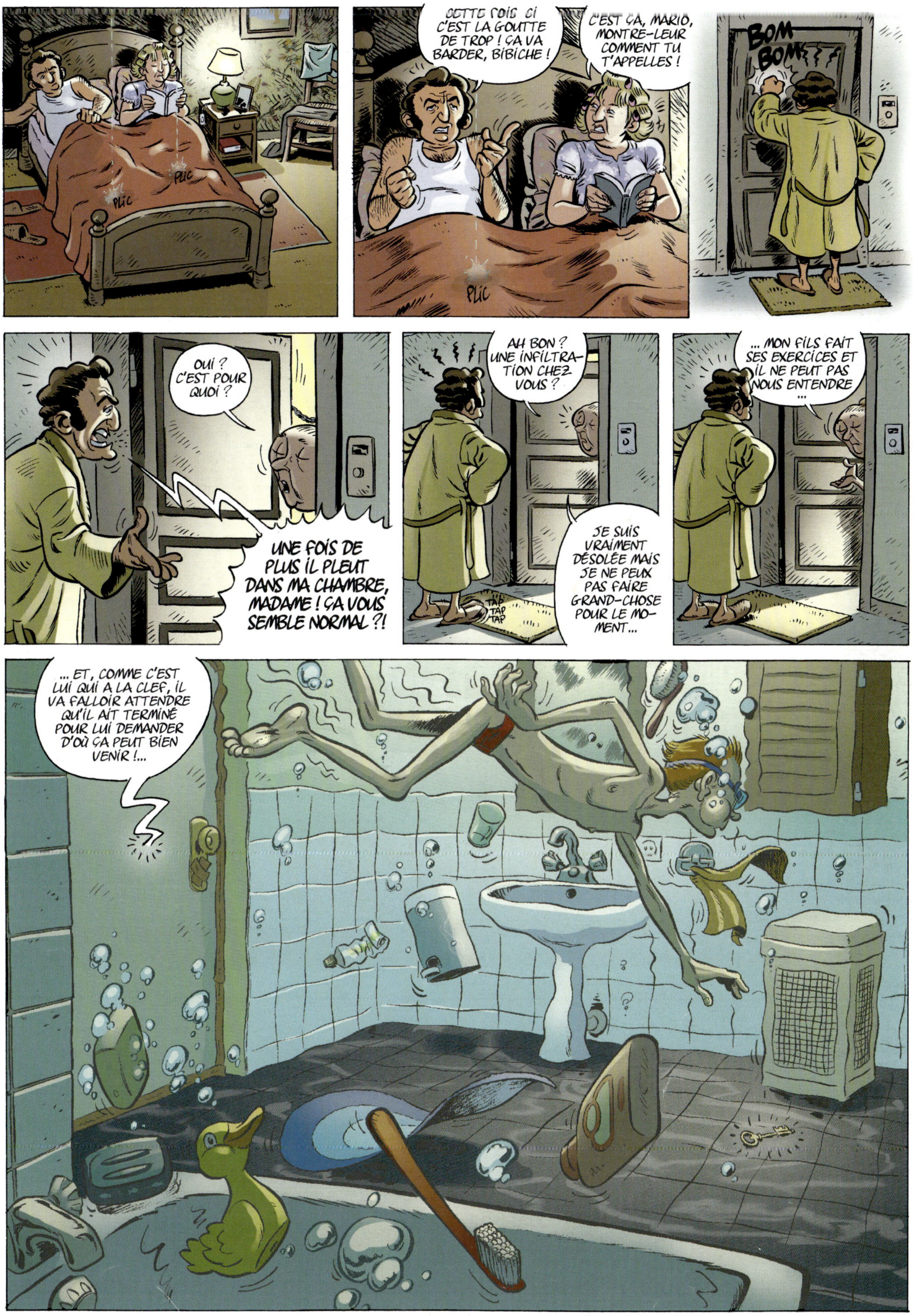
PLIC
PLIC
CETTE FOIS CI C'EST LA GOUTTE DE TROP ! ÇA VA BARDER, BIBICHE !
C'EST ÇA, MARIO, MONTRE-LEUR COMMENT TU T'APPELLES !
PLIC
BOM BOM
OUI ? C'EST POUR QUOI ?
UNE FOIS DE PLUS IL PLEUT DANS MA CHAMBRE, MADAME ! ÇA VOUS SEMBLE NORMAL ?!
AH BON ? UNE INFILTRATION CHEZ VOUS ?
JE SUIS VRAIMENT DÉSOLÉE MAIS JE NE PEUX PAS FAIRE GRAND-CHOSE POUR LE MOMENT...
TAP TAP TAP
... MON FILS FAIT SES EXERCICES ET IL NE PEUT PAS NOUS ENTENDRE ...
... ET, COMME C'EST LUI QUI A LA CLEF, IL VA FALLOIR ATTENDRE QU'IL AIT TERMINÉ POUR LUI DEMANDER D'OÙ ÇA PEUT BIEN VENIR !...

PITOU, JE CHERCHE PASCAL, TU NE L'AURAIS PAS VU ?
HEIN ? HEU... NON, PAS VU DE LA JOURNÉE !
MAIS OÙ EST-CE QU'IL EST PASSÉ ?!
YOUHOUU PASCAAAL ?
CHHHUT !
?!
PASCAL, T'ES LÀ ?
HÉHOOOO PASCAAAL !
PASCAAAL ! REVIENS !!! T'AS PAS LE DROIT DE ME FAIRE ÇA !!!
ÇA, TU ME LE PAIERAS CHER ! C'ÉTAIT TON TOUR CETTE SEMAINE !!!
DOUCEMENT LE BATTEMENT DE PIEDS, MADAME MICHU...
... N'AYEZ PAS PEUR, JE VOUS TIENS...
TRÈS CHER !
NE VOUS FATIGUEZ PAS TROP...
... C'EST MON TOUR APRÈS !
16H NATATION AVEC PASCAL
BLBLL BLBLL
CHPLOF CHPLOF CHPLOF

DIS DONC, TU L'AS BIEN CHARGÉ !!!
UN BON PASTIS, POUR TOUT MNS QUI SE RESPECTE, C'EST 2 TIERS DE PASTIS ET 1 TIERS D'EAU !
POSTE DE SECOURS
SI C'EST LA RÈGLE, ALORS...
T'AS TOUT COMPRIS !
À LA TIENNE, LE BLEU !
TING
SNIF SNIF
MAIS ?!
ÇA SENT LE CRAMÉ !
JE DIRAIS PLUTOT L'ANIS...
SNIF?
AU FEU ! AU FEU !
IL FAUT APPELER LES POMPIERS !!!
?!
PFFRRT
LES PINÈDES SONT EN TRAIN DE BRÛLER !!!
C'EST MALIN !
LÂCHE-MOI, PITOU!!! IL Y A LE FEU, IL FAUT...
ALLONS, ALLONS, JEUNOT ! 'FAUT PAS S'ÉNERVER COMME ÇA !...
?!
REGARDE UN PEU PAR LÀ...
... C'EST JUSTE CES 3 GRANDS-MÈRES QUI FONT DU BRONZAGE INTENSIF !
SNIF?

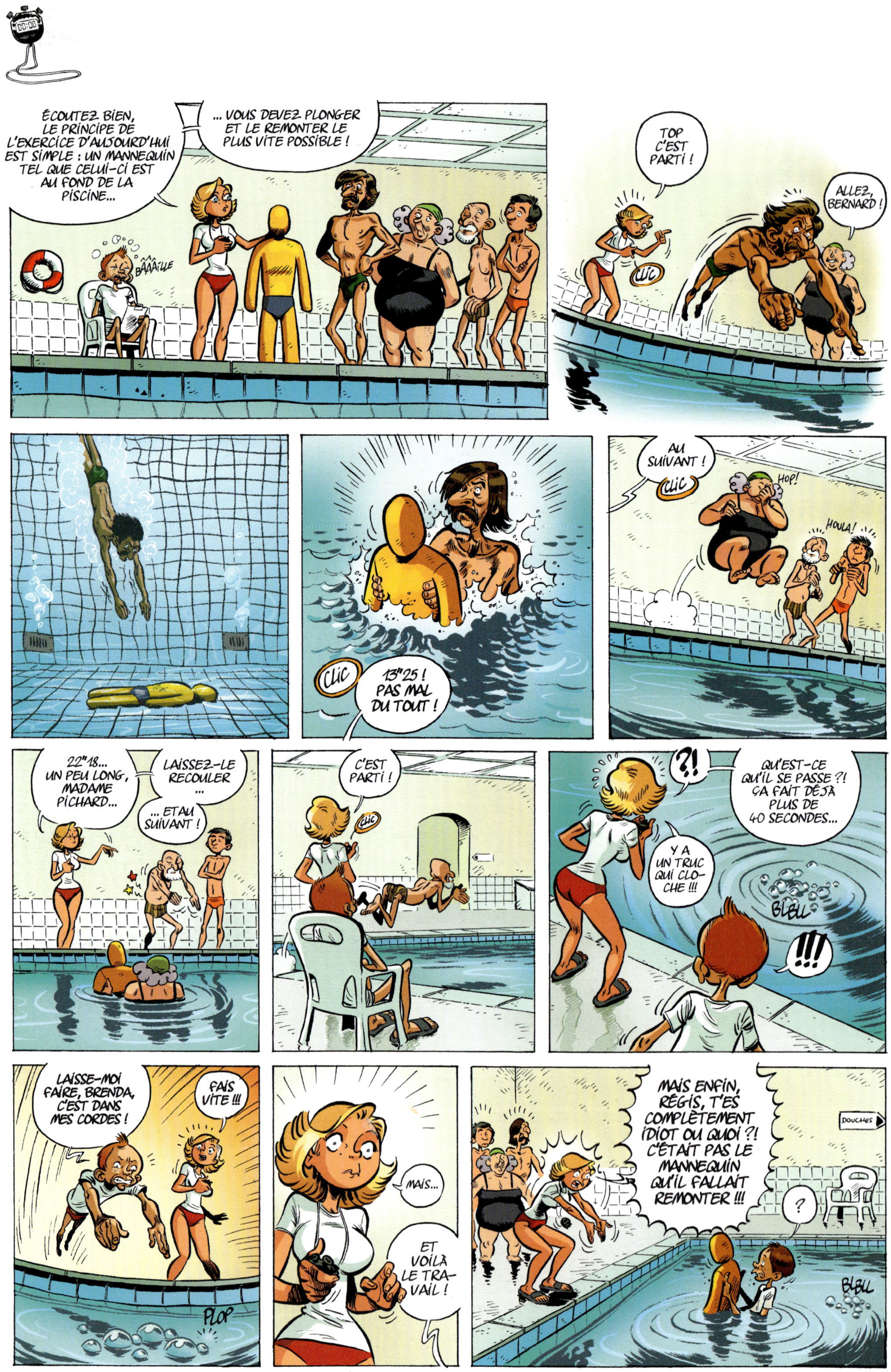

ÉCOUTEZ BIEN, LE PRINCIPE DE L'EXERCICE D'AUJOURD'HUI EST SIMPLE : UN MANNEQUIN TEL QUE CELUI-CI EST AU FOND DE LA PISCINE...
... VOUS DEVEZ PLONGER ET LE REMONTER LE PLUS VITE POSSIBLE !
BÂÂÂILLE
TOP C'EST PARTI !
CLIC
ALLEZ, BERNARD !
CLIC
13"25 ! PAS MAL DU TOUT !
AU SUIVANT !
CLIC
HOP !
HOULA !
22"18... UN PEU LONG, MADAME PICHARD...
LAISSEZ-LE RECOULER ...
... ET AU SUIVANT !
C'EST PARTI !
CLIC
?!
QU'EST-CE QU'IL SE PASSE ?! ÇA FAIT DÉJÀ PLUS DE 40 SECONDES...
Y A UN TRUC QUI CLOCHE !!!
BLBLL
!!!
LAISSE-MOI FAIRE, BRENDA, C'EST DANS MES CORDES !
FAIS VITE !!!
PLOP
MAIS...
ET VOILÀ LE TRAVAIL !
MAIS ENFIN, RÉGIS, T'ES COMPLÈTEMENT IDIOT OU QUOI ?! C'ÉTAIT PAS LE MANNEQUIN QU'IL FALLAIT REMONTER !!!
DOUCHES
?
BLBLL

!!!
TCHAC
KAÏ!
TCHAC
OUF !
BEN MON VIEUX, ON L'A ÉCHAPPÉ BELLE !!!
(WOUF !)
!!!
TCHAC
ALLEZ, VIENS, GEORGES, ON RENTRE !...
... C'EST TROP DANGEREUX AUJOURD'HUI !
TCHAC
(WOUF !)
HÉ ! HÉ ! PAS MAL, JOLI COUP !
TCHAC
POUR L'INSTANT C'EST UN DES MIENS QUI EST ALLÉ LE PLUS LOIN !
ATTENDS VOIR, JE SENS VENIR UNE GROSSE BOURRASQUE !
3, 2, 1 ...

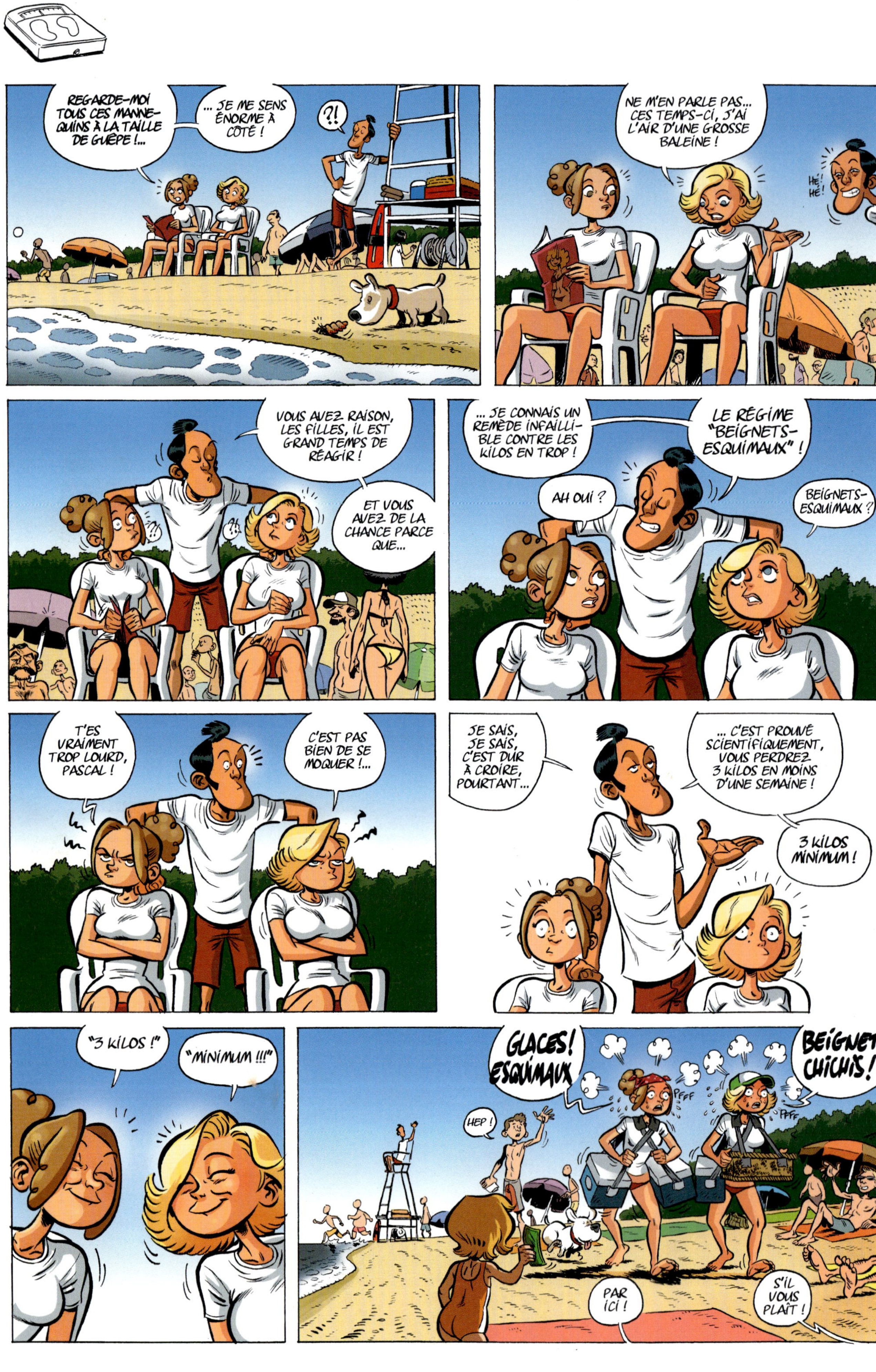
REGARDE-MOI TOUS CES MANNEQUINS À LA TAILLE DE GUÊPE !...
... JE ME SENS ÉNORME À CÔTÉ !
?!
NE M'EN PARLE PAS... CES TEMPS-CI, J'AI L'AIR D'UNE GROSSE BALEINE !
HÉ! HÉ!
VOUS AVEZ RAISON, LES FILLES, IL EST GRAND TEMPS DE RÉAGIR !
ET VOUS AVEZ DE LA CHANCE PARCE QUE...
... JE CONNAIS UN REMÈDE INFAILLIBLE CONTRE LES KILOS EN TROP !
LE RÉGIME "BEIGNETS-ESQUIMAUX" !
AH OUI ?
BEIGNETS-ESQUIMAUX ?
T'ES VRAIMENT TROP LOURD, PASCAL !
C'EST PAS BIEN DE SE MOQUER !...
JE SAIS, JE SAIS, C'EST DUR À CROIRE, POURTANT...
... C'EST PROUVÉ SCIENTIFIQUEMENT, VOUS PERDREZ 3 KILOS EN MOINS D'UNE SEMAINE !
3 KILOS MINIMUM !
"3 KILOS !"
"MINIMUM !!!"
GLACES! ESQUIMAUX
BEIGNETS! CHICHIS!
HEP !
PFFF
PFFF
PAR ICI !
S'IL VOUS PLAÎT !

PFFF... MARRE DE CE CONCOURS DE CERFS-VOLANTS ! ...
... CHAQUE ANNÉE ON REVOIT TOUJOURS LES MÊMES !...
BOF...
CASQUETTE?
... ET IL FAUT RÉCOMPENSER LE PLUS "ORIGINAL" !
TU PARLES !
TIENS ?! DITES, VOUS EN PENSEZ QUOI DE CELUI-LÀ ?
IL EST PAS MAL, NON ?
IL A DU STYLE !
COOL !
C'EST MÊME...
ORIGINAL !
CARRÉMENT TOP !
BRAVO, MONSIEUR ! LE JURY TIENT À VOUS FÉLICITER...
... CETTE ANNÉE C'EST INDÉNIABLEMENT VOUS QUI REMPORTEZ LE PREMIER PRIX !
?!
MAIS QU'EST-CE QUE VOUS M'EMMERDEZ AVEC VOTRE PRIX ?!
MA TENTE S'EST ENVOLÉE ! ÇA FAIT UNE HEURE QUE J'ESSAIE DE LA RAMENER AU CAMPING !!!
WAF! WAF!
DONNEZ-MOI PLUTÔT UN COUP DE MAIN !!!

!!!
HEIN ?! QUOI ?! KESSKIA ?!
ALERTE ROUUUGE!!!
PLOF
VITE, VITE, LE DRAPEAU ROUGE !
CRIIII CRIIII
?!
VOTRE ATTENTION, S'IL VOUS PLAÎT...
... LA BAIGNADE EST INTERDITE...
... TOUT LE MONDE SORT DE L'EAU !
MAIS, POURQUOI ? Y A MÊME PAS UNE VAGUE !
ALLEZ, PAS D'HISTOIRE !
DRAPEAU ROUGE !
C'EST NUL !
HOPOPOP ! VOUS, VOUS RESTEZ !...
?!
ALORS, ON N'EST PAS BIEN, LÀ, TOUS LES DEUX ?
TRANQUILLES...
ROMANTIQUE, NON ?
CHAMPAGNE ?
PLOP !

ATTENTION, MADEMOISELLE, AVEC CES VENTS TOURBILLONNANTS, SI VOUS NE FERMEZ PAS VOTRE PARASOL, ÇA PEUT ÊTRE DANGEREUX !...
OUPS !

ENFIN, APRÈS UNE SEMAINE DE PLUIE ET 3 JOURS DE TEMPÊTE, REVOILÀ LE SOLEIL !
M'EN PARLE PAS, AVEC LES VAGUES QU'IL Y AVAIT CES DERNIERS TEMPS, J'AI BIEN CRU QU'ON ALLAIT LAISSER LE DRAPEAU ROUGE TOUTE LA SAISON !
BON, AUJOURD'HUI ON DEVRAIT POUVOIR HISSER LE DRAPEAU VERT...
ON "DEVRAIT" ?
ZIIIP
MES QUELQUES ANNÉES DE MÉTIER M'ONT APPRIS À RESTER PRUDENT !...
AH BONJOUR L'OPTIMISME ! CIEL BLEU, SOLEIL RADIEUX, PAS UN NUAGE, PAS UN POIL DE VENT ET UNE MER D'HUILE...
... JE NE VOIS VRAIMENT PAS CE QUI POURRAIT...
... POSER PROBLÈME !
ET HOP !
PLOUF
ZIIIIP
QUAAIIIEEE
MOI, SI !
AÏE ! AÏE ! OUILLE !
LES MÉDUSES !
HA ! HA ! HA !

MAIS BON SANG, AIDEZ-MOIBLBLL !!!
SHPLACHHH
!!!
QU'EST-CE QU'ILS FOUTENT, BORDEL ?!
ILS NE VOIENT PAS QUE JE ME NOIE ?!
POUAH!
ALLEZ, ALLEZ !
ET L'AUTRE, LÀ-BAS, QUI ME FAIT DES SIGNES, QU'EST-CE QU'IL ATTEND POUR ME SAUVER ?!
FAITES UN PETIT EFFORT, MON VIEUX ...
... JE NE VOUS SAUVERAI QUE LORSQUE VOUS SEREZ DANS LA ZONE DE BAIGNADE AUTORISÉE !!!
!!!

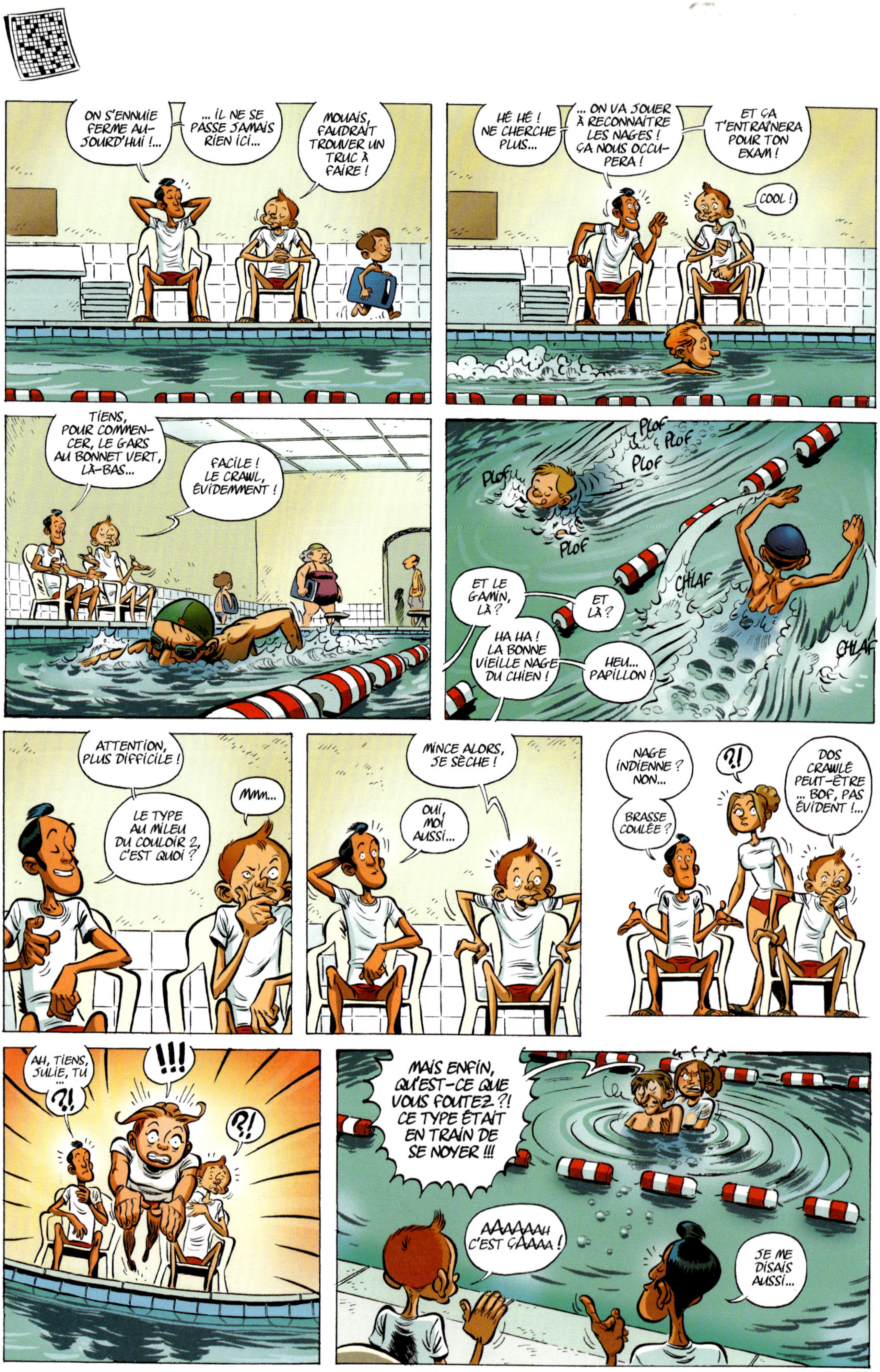

ON S'ENNUIE FERME AUJOURD'HUI !...
... IL NE SE PASSE JAMAIS RIEN ICI...
MOUAIS, FAUDRAIT TROUVER UN TRUC À FAIRE !
HÉ HÉ ! NE CHERCHE PLUS...
... ON VA JOUER À RECONNAÎTRE LES NAGES ! ÇA NOUS OCCUPERA !
ET ÇA T'ENTRAÎNERA POUR TON EXAM !
COOL !
TIENS, POUR COMMENCER, LE GARS AU BONNET VERT, LÀ-BAS...
FACILE ! LE CRAWL, ÉVIDEMMENT !
PLOF PLOF PLOF PLOF PLOF
CHLAF
ET LE GAMIN, LÀ ?
ET LÀ ?
HA HA ! LA BONNE VIEILLE NAGE DU CHIEN !
HEU... PAPILLON !
CHLAF
ATTENTION, PLUS DIFFICILE !
LE TYPE AU MILEU DU COULOIR 2, C'EST QUOI ?
MMM...
MINCE ALORS, JE SÈCHE !
OUI, MOI AUSSI...
NAGE INDIENNE ? NON...
BRASSE COULÉE ?
?!
DOS CRAWLÉ PEUT-ÊTRE ... BOF, PAS ÉVIDENT !...
AH, TIENS, JULIE, TU ...
?!
!!!
?!
MAIS ENFIN, QU'EST-CE QUE VOUS FOUTEZ ?! CE TYPE ÉTAIT EN TRAIN DE SE NOYER !!!
AAAAAAH C'EST ÇAAAA !
JE ME DISAIS AUSSI...

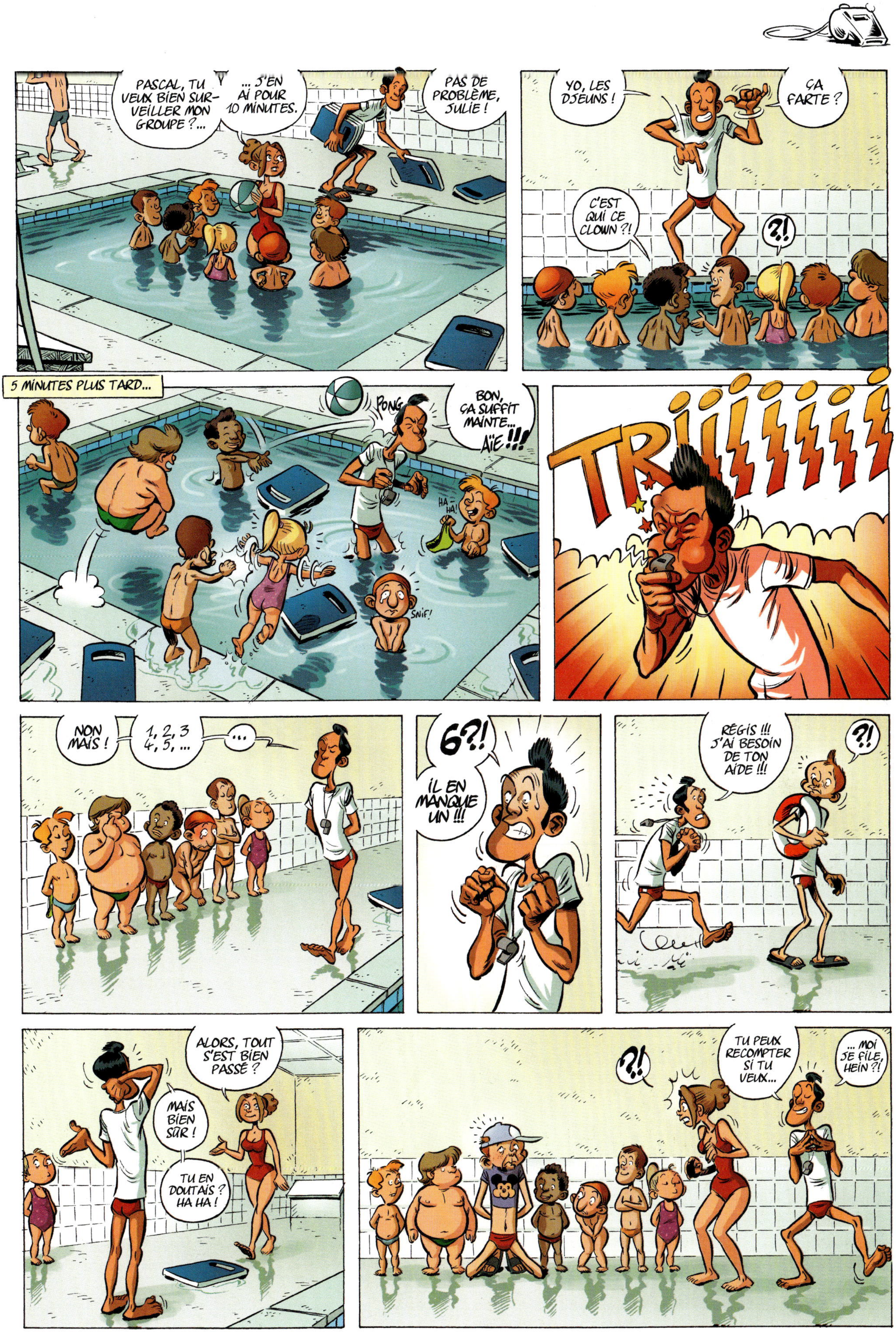

PASCAL, TU VEUX BIEN SURVEILLER MON GROUPE ?...
... J'EN AI POUR 10 MINUTES.
PAS DE PROBLÈME, JULIE !
YO, LES DJEUNS !
ÇA FARTE ?
C'EST QUI CE CLOWN ?!
?!
5 MINUTES PLUS TARD...
PONG
BON, ÇA SUFFIT MAINTE... AÏE !!!
HA HA !
SNIF !
TRIIIIIII
NON MAIS !
1, 2, 3 4, 5, ...
...
6 ?!
IL EN MANQUE UN !!!
RÉGIS !!! J'AI BESOIN DE TON AIDE !!!
?!
ALORS, TOUT S'EST BIEN PASSÉ ?
MAIS BIEN SÛR !
TU EN DOUTAIS ? HA HA !
?!
TU PEUX RECOMPTER SI TU VEUX...
... MOI JE FILE, HEIN ?!

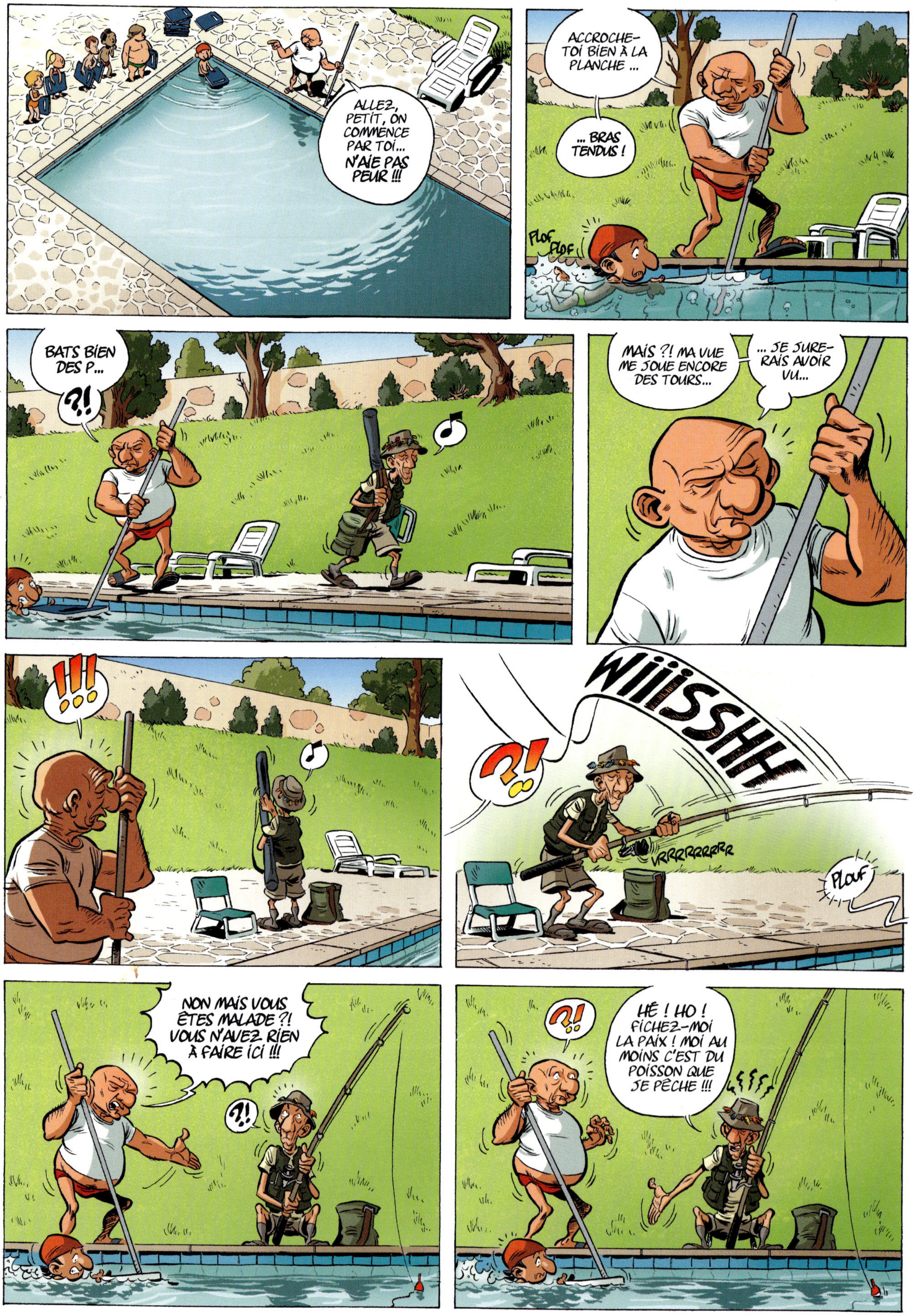
ALLEZ, PETIT, ON COMMENCE PAR TOI... N'AIE PAS PEUR !!!
ACCROCHE-TOI BIEN À LA PLANCHE ...
... BRAS TENDUS !
PLOF PLOF
BATS BIEN DES P...
?!
MAIS ?! MA VUE ME JOUE ENCORE DES TOURS...
... JE JURERAIS AVOIR VU...
!!!
WIIISSHH
?!
VRRRRRRRRR
PLOUF
NON MAIS VOUS ÊTES MALADE ?! VOUS N'AVEZ RIEN À FAIRE ICI !!!
?!
?!
HÉ ! HO ! FICHEZ-MOI LA PAIX ! MOI AU MOINS C'EST DU POISSON QUE JE PÊCHE !!!

C'EST BON, LES GARS, PERSONNE NE NOUS A VUS !!!
Douches
ON Y EST ! VOILÀ LES DOUCHES DES FILLES !!!
WAOW!
CE N'ÉTAIT PAS UNE LÉGENDE !
PSSSHHHHHHHHH
PSSCHHHHHHHHH
CHHHT !
HI! HI! HI!
Y A PLUS QU'À SE PENCHER POUR ADMIRER LE SPECTACLE !
PSSSHHHHHHHHH
JE SAIS QUE VOUS ÊTES LÀ, PETITS VOYOUS !
!!!
PSSSHHHHHHHHHHHH
ATTENDEZ UN PEU QUE JE VOUS ATTRAPE !!!
?!
FILONS, ON EST CUITS !
ZIP ZIP
HOULA, ÇA GLISSE !!!
ZIIIIIIP
MAIS ?!
?!
OUPS...
VOYOU ! PERVERS !
VOUS N'AVEZ PAS HONTE ?!
ATTENDEZ QUE JE VOUS ATTRAPE !!!
Douches

LES ENFANTS, VOICI RÉMI, C'EST UN NOUVEL ÉLÈVE...
... FILEZ-LUI UNE BOUÉE !
'LUT !
TIENS, UNE CEINTURE...
... AVEC ÇA, TU CRAINS RIEN !
NON, NON, C'EST BON, PAS BESOIN !
AH BON ?! TU SAIS DÉJÀ NAGER ?
WÉ ! C'EST MON PAPA QUI M'A APPRIS À LA MAISON !
T'AS TORT, C'EST LA CLASSE !
EH BIEN TU VAS NOUS FAIRE UNE PETITE DÉMONSTRATION ?!
PAS D'PROBLÈME !
YEAH !
ALORS, VOUS VOYEZ ?
MAIS QU'EST-CE QU'IL FABRIQUE ?!
?!
M'SIEUR, POURQUOI IL TOURNE TOUJOURS EN ROND ?
ET HOP !
ALORS, FISTON, CE PREMIER COURS DE NATATION ?
NUL !

À découvrir aux éditions BAMBOO